你知道吗，宣纸是我国手工纸家族的重要成员，因原产于宣州而得名。以宣纸为代表的手工纸与毛笔、墨、砚并称为“文房四宝”。宣纸传统制作技艺传承近千年，于2009年入选联合国教科文组织人类非物质文化遗产代表作名录。

在《变形记》里，你会看到柔软、洁白的宣纸是怎样从粗糙的树皮和不起眼的稻草一步步华丽变身的；在《造纸“小神兵”》中，你会认识抄纸竹帘、后山剪刀等制作宣纸的工具，它们可是制作宣纸的幕后“小英雄”；在《孔丹造纸记》中，你会读到孔丹历经艰辛发明宣纸的传说，感受一代代匠人的精湛技艺。

翻开图画书，让我们一起走进宣纸的非遗世界，领略中国优秀传统文化的魅力！

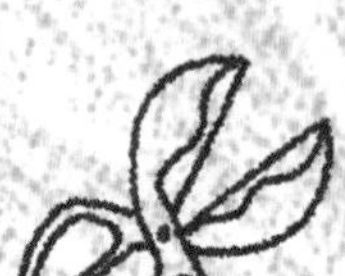
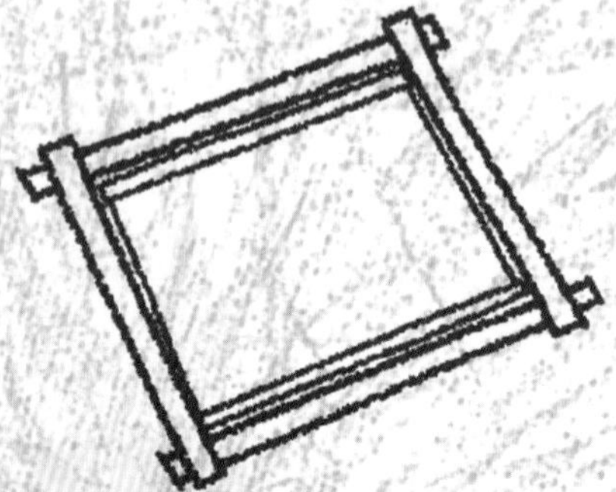

图书在版编目(CIP)数据

宣纸漫话. 造纸“小神兵” / 于雪主编 ; 路淞皓绘、文. -- 合肥 : 安徽大学出版社，2025. 6. --（安徽非遗文化儿童图画书）. -- ISBN 978-7-5664-3035-9

Ⅰ. K875. 4－49

中国国家版本馆 CIP 数据核字第 202566JL63 号

宣纸漫话 · 造纸“小神兵”

XUANZHI MANHUA ZAOZHI XIAOSHENBING

于　雪 **主编**　路淞皓 **绘/文**

出版发行： 北京师范大学出版集团
安 徽 大 学 出 版 社
（安徽省合肥市肥西路 3 号 邮编 230039）
www. bnupg. com
www. ahupress. com. cn

印　　刷： 合肥远东印务有限责任公司
经　　销： 全国新华书店
开　　本： 890 mm×1240 mm　1/24
印　　张： $5\frac{2}{3}$（总印张）
字　　数： 16 千字（总字数）
版　　次： 2025 年 6 月第 1 版
印　　次： 2025 年 6 月第 1 次印刷
定　　价： 48. 00 元（全 3 册）
ISBN 978-7-5664-3035-9

策划编辑： 钟　蕾　余珊珊　韩云芳
责任编辑： 余珊珊　韩云芳
责任校对： 雷明艳
装帧设计： 李　军
美术编辑： 李　军
责任印制： 赵明炎

安徽非遗文化儿童图画书

宣纸漫话

造纸“小神兵”

于雪　主编　路淞皓　绘 / 文

北京师范大学出版集团
BEIJING NORMAL UNIVERSITY PUBLISHING GROUP
安徽大学出版社

抄纸竹帘

抄纸竹帘是传统手工造纸过程中不可或缺的工具，对纸张的质量和特性有着决定性的作用。

蚕茧脱胶

用热水溶解蚕茧的外围丝胶。蚕丝质地光洁匀称、柔韧性好，用它制成的竹帘坚固耐用。

抽丝

找出丝头后，使用特制工具将数根蚕丝合并为一根较粗的丝线。

将丝线缠绕在线梭上备用。

泾县所产的苦竹竹节长，且防虫蛀，是制作竹帘的理想材料。

刮竹青

剖篾

将苦竹去簧、去芯，
剖成细细的竹条。

抽竹丝

用钢钉在一块厚铁板上打出小孔，再将细竹条穿过小孔，反复刮削，制出粗细一致的竹丝。

编竹帘

竹帘的编织工作是在一个大小适中的木架上进行的。木架上架着横杆，在横杆上每隔一到两厘米处挂上提前制好的线梭。

编织竹帘时，用织线交叉缠住竹丝。

将每一对线梭交换

位置后再织下一根竹丝。

上框

刷大漆

给竹帘涂上大漆能延长竹帘的使用年限。

阴干

将刷好漆的竹帘放置在阴凉通风处晾干。

做帘架

帘架可以为竹帘提供稳定的支撑，确保竹帘在抄纸过程中保持平整和紧绷的状态，以便均匀地舀取纸浆，保证纸张各部分厚度一致。

制作一张竹帘，从选取原料到完工大概需要一个月时间。竹帘的发明，极大地提高了纸张的质量和生产效率，是传统造纸术的一次创新。

用竹帘抄纸，纸上会留下相应的帘纹，这是手工纸的印记。

后山剪刀

后山剪刀的制作始于宋代，因制作地点主要集中在泾县丁家桥镇后山村而得名。

将铁坯放入锻炉中加热。

待铁坯加热至足够的温度后，
将其转移至铁砧上进行锻打塑形。

蘸火

塑形

锵刀

刀口开刃

将两片刀柄通过铆钉

结合成一把完整的剪刀。

后山剪刀硬可断铁，柔可剪棉，最初用于裁剪宣纸，现已拓展到刺绣、裁衣、农事等多个不同的领域。

你知道吗，宣纸是我国手工纸家族的重要成员，因原产于宣州而得名。以宣纸为代表的手工纸与毛笔、墨、砚并称为“文房四宝”。宣纸传统制作技艺传承近千年，于2009年入选联合国教科文组织人类非物质文化遗产代表作名录。

在《变形记》里，你会看到柔软、洁白的宣纸是怎样从粗糙的树皮和不起眼的稻草一步步华丽变身的；在《造纸“小神兵”》中，你会认识抄纸竹帘、后山剪刀等制作宣纸的工具，它们可是制作宣纸的幕后“小英雄”；在《孔丹造纸记》中，你会读到孔丹历经艰辛发明宣纸的传说，感受一代代匠人的精湛技艺。

翻开图画书，让我们一起走进宣纸的非遗世界，领略中国优秀传统文化的魅力！

图书在版编目(CIP)数据

宣纸漫话. 变形记 / 于雪主编 ；路淞皓绘 ；葛少忆文. --合肥 ：安徽大学出版社，2025. 6. --(安徽非遗文化儿童图画书). -- ISBN 978-7-5664-3035-9

Ⅰ. K875. 4—49

中国国家版本馆 CIP 数据核字第 2025WN5744 号

宣纸漫话·变形记

XUANZHI MANHUA BIANXINGJI

于　雪 **主编**　路淞皓 **绘**　葛少忆 **文**

出版发行: 北京师范大学出版集团
安 徽 大 学 出 版 社
(安徽省合肥市肥西路 3 号 邮编 230039)
www. bnupg. com
www. ahupress. com. cn

印　　刷: 合肥远东印务有限责任公司
经　　销: 全国新华书店
开　　本: 890 mm×1240 mm　1/24
印　　张: 5 $\frac{2}{3}$(总印张)
字　　数: 16 千字(总字数)
版　　次: 2025 年 6 月第 1 版
印　　次: 2025 年 6 月第 1 次印刷
定　　价: 48.00 元(全 3 册)
ISBN　978-7-5664-3035-9

策划编辑: 钟　蕾　余珊珊　韩云芳
责任编辑: 余珊珊　韩云芳
责任校对: 雷明艳
装帧设计: 李　军
美术编辑: 李　军
责任印制: 赵明炎

安徽非遗文化儿童图画书

宣纸漫话

变形记

于雪　主编　路淞皓　绘　葛少忆　文

北京师范大学出版集团
BEIJING NORMAL UNIVERSITY PUBLISHING GROUP
安徽大学出版社

准备燎草

沙田稻草是制作宣纸的主要原料之一，这种稻草茎秆长而叶少、纤维素含量高、木质素含量低、易自然漂白。

沤制

将浸泡后的稻草沥干水分，加石灰乳浆灰拌匀，堆起来发酵。

蒸煮

将沤制好的稻草放入锅中蒸煮。

清洗蒸煮后的草胚。

摊晒

将清洗后的草胚摊开晾晒，用阳光和雨水自然漂白，其间需要反复翻动。

收燎草

将处理后的稻草收回储存。

挑选稻草。

舂草

通过舂捣，将草料纤维进一步分解、柔化，便于后续造纸。

准备燎皮

青檀皮质地紧密、纤维韧性强，是制作宣纸的另一种重要原料。先将青檀树枝高温蒸煮，然后用冷水喷洒或浸泡，便可剥下青檀皮啦！

蒸煮

高温蒸煮青檀皮。

沤制

将青檀皮与石灰乳浆灰混合，让其发酵一个月左右。

洗涤

将沤制后的青檀皮清洗干净。

摊晒漂白

将清洗后的青檀皮摊开晾晒，经历几次雨水冲洗后再晒干，即可收回。

青檀皮要经过一次浆灰蒸煮、三次过碱蒸煮、两次自然漂白，稻草要经过一次浆灰蒸煮、两次过碱蒸煮、两次自然漂白。

收燎皮

将完成自然漂白的燎皮收回储存。

调皮

将收回的燎皮进行挑选、调皮（砸散纤维）等处理。

将春好的草料与调皮后的皮料以特定的比例混合成纸料。

踩料

用脚踩纸料，使其纤维分散，便于抄纸。

打浆

将混合好的纸料放入水中，打散形成纸浆。

加纸药

纸药是由杨桃藤制成的植物胶，它能使纸浆均匀悬浮分散。

抄纸

用竹帘捞取纸浆，重组纤维，形成纸张。

稍加沥水后将竹帘
从帘架上取下。

每捞出一张湿纸，便将其小心叠放在一起，层层相摞。

压纸

用重物将湿纸压一晚，挤出水分，使纸页初步定型。

敲打纸张，便于揭开晾晒。

晒纸

压好的宣纸需要先脱水，再洒热水润湿，然后一张张揭开，贴到火墙上烘干。

烘干后，先将纸揭下，

然后进行裁切以去除毛边。

宣纸以其质地绵韧、光洁如玉、不蛀不腐、墨韵万变等特点而闻名，有着“千年寿纸”的美誉，具有独特的中国文化价值和历史意义。

你知道吗，宣纸是我国手工纸家族的重要成员，因原产于宣州而得名。以宣纸为代表的手工纸与毛笔、墨、砚并称为“文房四宝”。宣纸传统制作技艺传承近千年，于2009年入选联合国教科文组织人类非物质文化遗产代表作名录。

在《变形记》里，你会看到柔软、洁白的宣纸是怎样从粗糙的树皮和不起眼的稻草一步步华丽变身的；在《造纸“小神兵”》中，你会认识抄纸竹帘、后山剪刀等制作宣纸的工具，它们可是制作宣纸的幕后“小英雄”；在《孔丹造纸记》中，你会读到孔丹历经艰辛发明宣纸的传说，感受一代代匠人的精湛技艺。

翻开图画书，让我们一起走进宣纸的非遗世界，领略中国优秀传统文化的魅力！

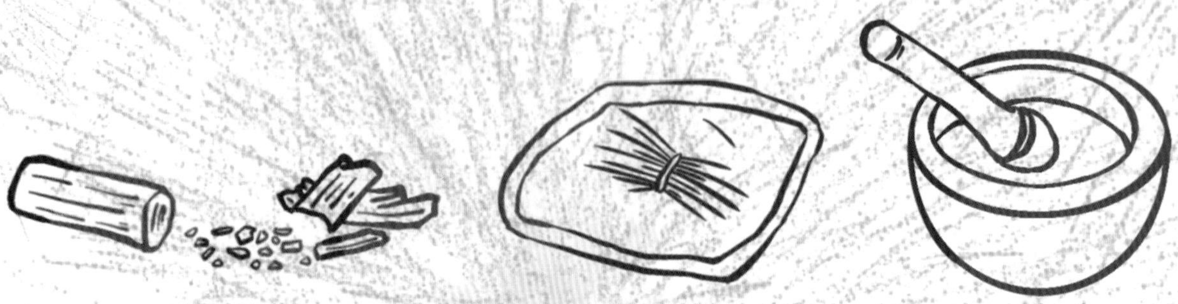

图书在版编目(CIP)数据

宣纸漫话. 孔丹造纸记 / 于雪主编 ；朱莉绘、文. 合肥 ：安徽大学出版社，2025. 6.--(安徽非遗文化儿童图画书). -- ISBN 978-7-5664-3035-9

Ⅰ. K875.4—49

中国国家版本馆 CIP 数据核字第 2025XX9836 号

宣纸漫话 · 孔丹造纸记

XUANZHI MANHUA KONGDAN ZAOZHIJI

于 雪 主编 朱 莉 绘/文

出版发行：北京师范大学出版集团
安 徽 大 学 出 版 社
(安徽省合肥市肥西路 3 号 邮编 230039)
www.bnupg.com
www.ahupress.com.cn

印 刷：合肥远东印务有限责任公司
经 销：全国新华书店
开 本：890 mm×1240 mm 1/24
印 张：$5\frac{2}{3}$(总印张)
字 数：16 千字(总字数)
版 次：2025 年 6 月第 1 版
印 次：2025 年 6 月第 1 次印刷
定 价：48.00 元(全 3 册)
ISBN 978-7-5664-3035-9

策划编辑：钟 蕾 余珊珊 韩云芳
责任编辑：余珊珊 韩云芳
责任校对：雷明艳
装帧设计：李 军
美术编辑：李 军
责任印制：赵明炎

安徽非遗文化儿童图画书

宣纸漫话

孔丹造纸记

于雪　主编　朱莉　绘 / 文

北京师范大学出版集团
BEIJING NORMAL UNIVERSITY PUBLISHING GROUP
安徽大学出版社

相传，一位名叫孔丹的造纸工匠神色凝重地在溪边踱步。他盯着手中泛黄破损的纸张若有所思。

这纸泛黄，且易褪色、腐烂，我定要造出完美的纸！

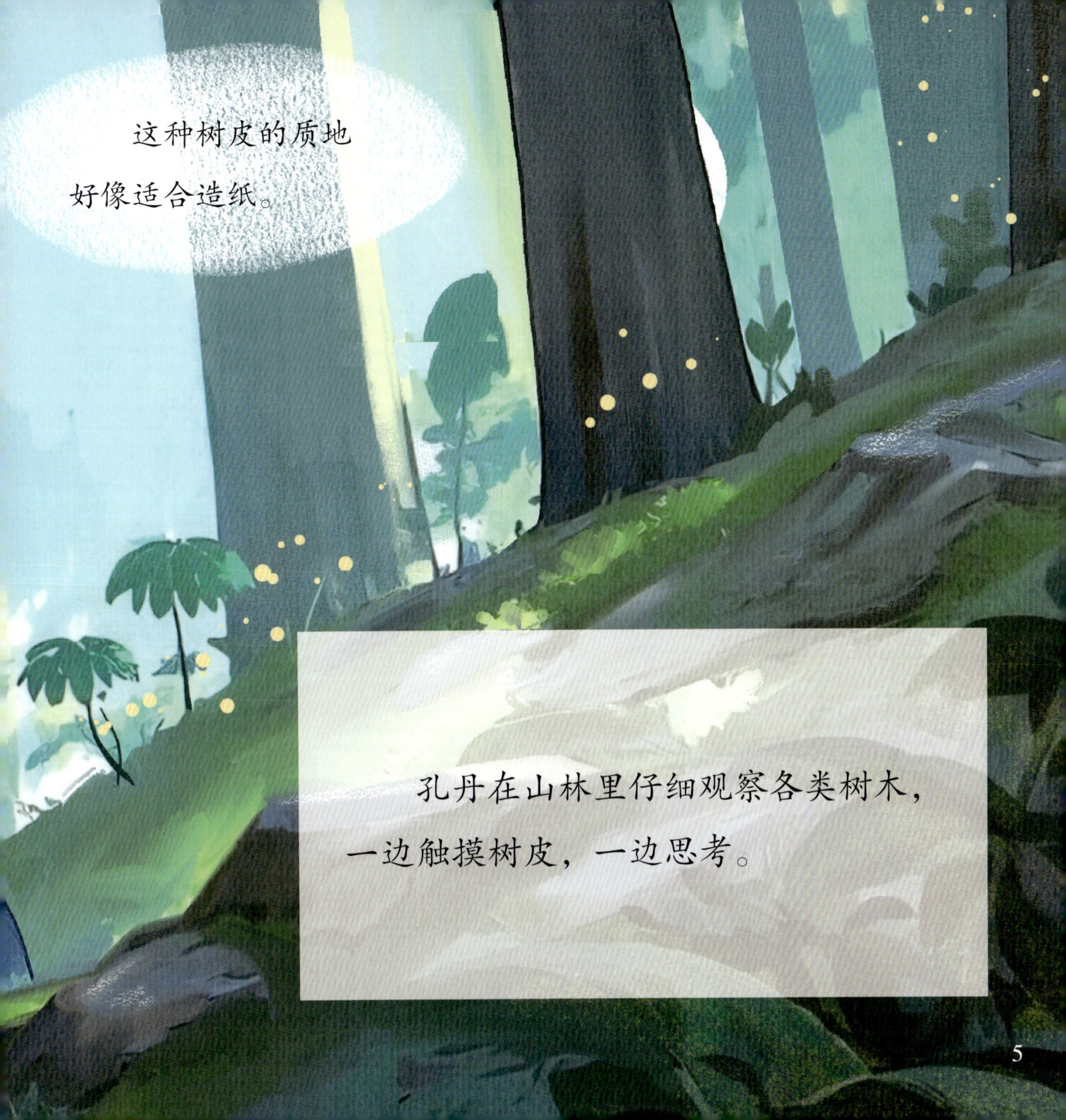

这种树皮的质地好像适合造纸。

孔丹在山林里仔细观察各类树木，一边触摸树皮，一边思考。

先浸泡，去除杂质，
看看原料会如何变化。

孔丹将采集来的青檀皮放入池中浸泡，不断搅拌，观察其变化。

孔丹用石臼舂捣浸泡后的原料，一下又一下，力度均匀，把原料的纤维舂得特别细腻，汗水浸湿了他的衣衫。

火候很关键，它决定
了原料的融合程度。

孔丹将舂好的原料放入锅中煮，蒸汽升腾。他专注地守在锅边，时时调整火候。

孔丹再次舂捣煮后的原料，使原料变得更加细腻。舂好的原料变成了纸浆，其状态刚刚好。

孔丹小心翼翼地将竹帘插入纸浆池中捞取纸浆，然后轻轻晃动竹帘，使纸浆在竹帘上均匀分布。

这捞纸的手法得慢慢摸索，
要让纸张厚薄一致。

他将捞好叠放的几十张湿纸页夹入木板间，并压上重物，以便把湿纸页中多余的水分压出。

晾晒的时间和温度
需要好好把控。

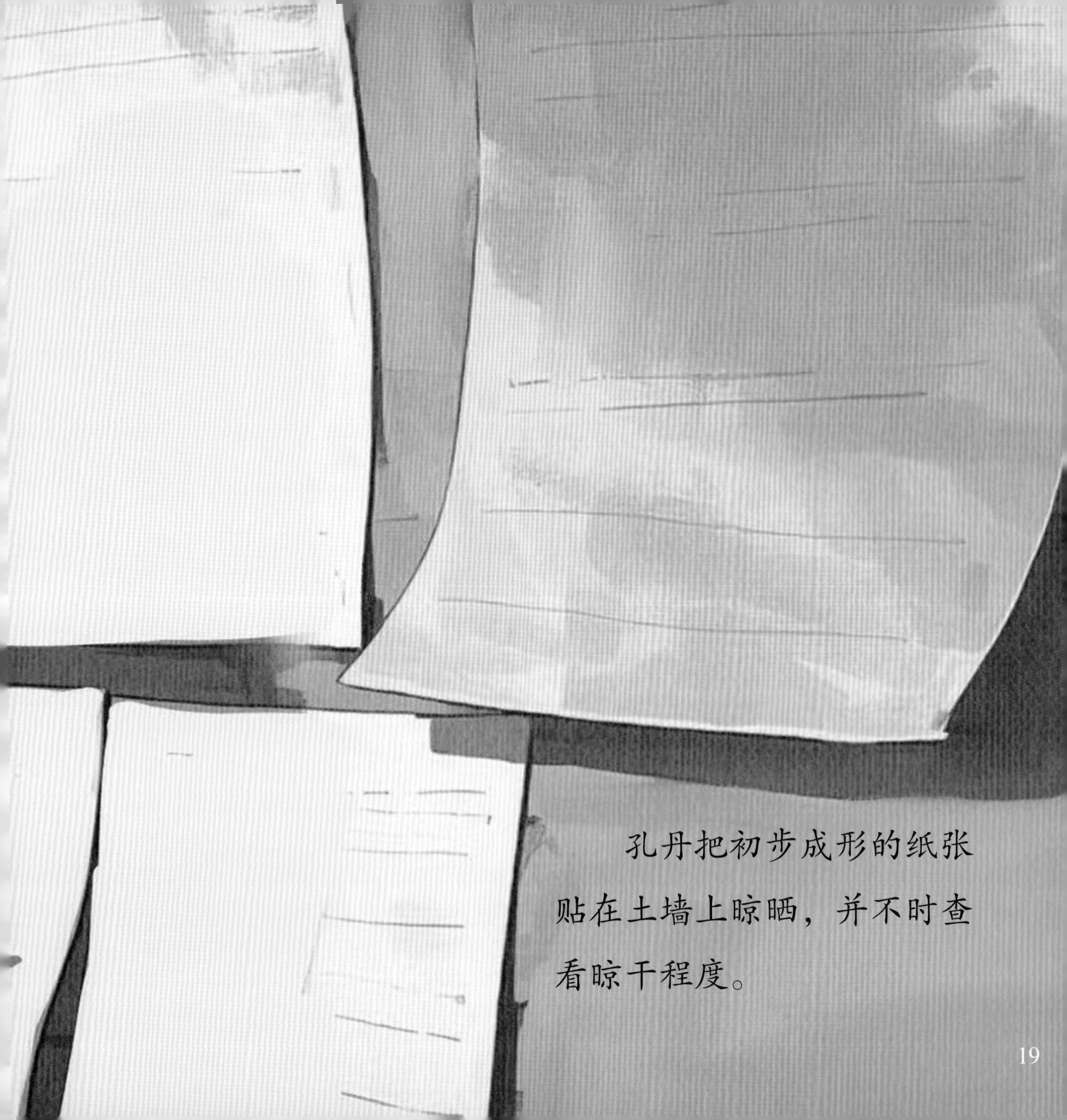

孔丹把初步成形的纸张贴在土墙上晾晒，并不时查看晾干程度。

孔丹拿起晾干的纸张，发现纸张粗糙泛黄。他陷入了沉思。

还是不够完美啊，
问题出在哪里呢？

这次多加点青檀皮，
看看效果会不会好一些。

孔丹再次投入试验，调整原料比例，重复之前的步骤。

成功了！终于造出好纸了！

经过多次尝试，孔丹终于造出了洁白、轻柔、韧性好的纸张。

祖师爷传下来的技艺，

我们一定要守住。

一位老工匠一边对着年轻一代讲述孔丹造纸的传说，一边向他们传授造纸技艺。

中华人民共和国成立后，政府大力扶持宣纸产业，新建了现代化的宣纸厂。

我们可以进一步

提升宣纸的质量。

传统工艺和现代化设备相结合，制作出来的宣纸肯定越来越好。

学校组织学生到宣纸厂参观，学生们好奇地观看宣纸制作过程，并提出各种问题。

宣纸为什么这么白呀?

夕阳西下，宣纸厂与晚霞相互映衬，人们忙碌而幸福，宣纸的故事还在继续流传……